LE TRÉSOR

de

L'ABBAYE de CHOCQUES

PAR

Eugène BÉGHIN

MEMBRE DE LA COMMISSION DES MONUMENTS HISTORIQUES
DU PAS-DE-CALAIS

HISTORIOGRAPHE DE LA VILLE DE BÉTHUNE

Ouvrage honoré d'une Médaille de Vermeil *au Concours d'Histoire ouvert, en 1901, par l'Académie nationale d'Arras.*

> Patience et longueur de temps
> Font plus que force ni que rage.
>
> LA FONTAINE (*Le Lion et le Rat*)

BÉTHUNE
IMPRIMERIE ET LIBRAIRIE A. DAVID
12, Rue du Pot-d'Étain, 12.

1902

LE TRÉSOR

de

L'ABBAYE de CHOCQUES

PAR

Eugène BÉGHIN

MEMBRE DE LA COMMISSION DES MONUMENTS HISTORIQUES
DU PAS-DE-CALAIS
HISTORIOGRAPHE DE LA VILLE DE BÉTHUNE

Ouvrage honoré d'une Médaille de Vermeil *au Concours d'Histoire ouvert, en 1901, par l'Académie nationale d'Arras.*

Patience et longueur de temps
Font plus que force ni que rage.
LA FONTAINE *(Le Lion et le Rat*

BÉTHUNE
IMPRIMERIE ET LIBRAIRIE A. DAVID
12, Rue du Pot-d'Étain, 12.

1902

LE TRÉSOR

de

L'ABBAYE DE CHOCQUES

Les érudits qui ont fouillé le passé des abbayes et monastères célèbres de notre pays, renommés par leurs richesses et la culture des sciences et des arts, dans le but de reconstituer leur histoire, ont parfois eu le tort de négliger un point essentiel, c'est-à-dire de ne pas assez se préoccuper de ce qu'étaient devenus pendant et après la Révolution, les manuscrits et objets précieux qui s'y trouvaient rassemblés. En général on s'est contenté de dire que la Révolution avait tout nivelé, tout dispersé, comme si les hommes supérieurs qui avaient la direction et la responsabilité de ces importants établissements, avaient pu ne pas remarquer depuis longtemps la surexcitation de l'esprit populaire aspirant à l'avènement d'une ère nouvelle d'émancipation et de liberté. Placés au dessus des passions humaines, dans le calme de leur retraite, ils pouvaient mieux que tout autre suivre la marche des évènements et prévoir les tempêtes qui allaient se déchaîner et qu'il faudrait supporter avant que la masse en ébullition et les divers éléments en fusion eussent rejeté leur écume et fussent arrivés à la perfection désirée. Il faut bien admettre que, ne pouvant empêcher le cataclysme de se produire, les chapitres des monastères ont dû chercher à en atténuer autant que possible les effets redoutables, en ne portant pas, sur les inventaires qu'on exigeait d'eux, une notable partie de leurs vases et objets consacrés, souvent en or enrichi de pierres précieuses, pour les préserver au moins de toute profanation. C'est que ces témoins d'une ancienne splendeur avaient, par leur destination, plus de prix à leurs yeux que les richesses cependant considérables amassées par la coopération et l'activité de ces groupes d'hommes d'élite dépensant peu pour eux-mêmes et poursuivant successivement à travers les siècles un seul but : célébrer par leurs travaux, souvent par des œuvres artistiques, la gloire du divin Créateur, ses merveilles et sa bonté infinie.

Or, un jour que nous compulsions les documents que nous possédons concernant l'ancienne abbaye de Chocques, nous avons remarqué que l'inventaire du mobilier de cet établissement, dressé le 26 juin 1788 à la suite du décès de l'abbé Chavatte, renfermait moins de lacunes que les précédents. On sent, par sa rédaction, que les temps deviennent difficiles et que les religieux se sont trouvés dans la nécessité de donner, cette fois, satisfaction à des commissaires plus exigeants que d'habitude ; mais il est évident aussi que les objets précieux ainsi que l'argent placé ou en caisse formant la réserve de l'abbaye et qui devait s'élever à une somme considérable, sont encore et toujours dissimulés. M. l'abbé Robert, dans son *Histoire de l'abbaye de Chocques*, p. 145, sans trop s'étonner de cette particularité, cite les principaux objets déclarés dans cet inventaire de 1788, que nous trouvons aux archives départementales ; ce sont : un calice d'argent doré ; dix chasubles ; huit reliquaires sculptés et dorés ; deux croix d'or pectorales, deux bagues d'or garnies de pierres; deux crosses, l'une en argent et l'autre en argent doré, avec un bâton en argent pour les deux crosses, etc.

Cet inventaire pouvait à la rigueur contenter l'administration départementale qui n'avait aucune base de contrôle car, depuis l'inventaire de 1669, dressé au décès de l'abbé Guillaume de La Beuvrière (4 octobre), c'est-à-dire depuis plus d'un siècle, les abbés qui s'étaient succédé à la direction de l'abbaye de Chocques semblent surtout et toujours préoccupés de mettre leurs richesses à l'abri de toute spoliation *(a)*. Ils cessent d'en faire mention dans les inventaires sur lesquels cependant nous voyons figurer une simple *marmite et son couvert*.

Le 2 novembre 1789, les biens des églises et des monastères sont confisqués. Le 28 juillet 1791, les religieux de Chocques déclarent « persister dans l'intention de continuer la vie de communauté » et sont envoyés dans l'abbaye-mère à Arrouaise. Peu après ils quittent la France. Mais l'abbé Dauchy a eu soin de mettre en lieu sûr son trésor ; et chose qui paraît plus surprenante à cause des difficultés qu'il a dû surmonter, il a mis en dépôt chez des amis dévoués jusqu'aux tableaux de prix, meubles et objets précieux appartenant au Monastère. C'est ainsi qu'il nous a été donné de pouvoir admirer à l'*Exposition rétrospective des arts et monuments du Pas-de-Calais* à Arras, en 1896, un magnifique *reliquaire* à volets, or et émaux (XIVe siècle) *(b)*, provenant de l'abbaye de Chocques

(a) Cette précaution n'était pas inutile : en effet le Roi, lui-même, par un édit du 26 octobre 1757, prescrit la remise de l'argenterie des églises et des monastères pour subvenir aux besoins de l'Etat.

(b) Vu extérieurement. Deux volets à charnières à l'effigie de Saint Jean-Baptiste et de Sainte-Catherine, émail translucide ; au-dessus de la frise, petit groupe en plein relief or : le couronnement de la Vierge assisté de deux anges aux ailes éployées sur les côtés d'un trône élevé dont les faces interne et externe sont finement ciselées ; au bord de la même frise et devant la scène ci-dessus, petite custode cruciforme rajoutée, destinée à recevoir le bois de la vraie Croix ; joli travail de ciselure sur les flancs du reliquaire et surtout sur la face postérieure effigiée

qui l'avait reçu en don de la comtesse Mahaut d'Artois appartenant à M. X... d'Arras. — Chez M. Detournay à Merville, neveu de M. Dauchy, se trouvent encore plusieurs beaux tableaux chez lui déposés ainsi qu'une riche bourse en velours cramoisi brodé d'or à l'écusson de l'abbaye (a).

Nous verrons, dans la suite, qu'à sa rentrée en France, M. Dauchy reprit possession d'une grande partie de ces dépôts à l'exception des objets trop encombrants.

Ces faits nous ont été révélés à la suite de patientes recherches entreprises par nous pour élucider plusieurs questions qui se posaient à notre esprit : *M. Dauchy, prévoyant les conséquences de l'orage révolutionnaire dont il pouvait voir les sombres nuages s'amonceler à l'horizon, avait-il pris sous sa responsabilité de mettre à l'abri le trésor de l'abbaye ainsi qu'un certain nombre d'objets précieux dont il avait la garde et que convoitaient les révolutionnaires ? Qu'était devenu ce trésor et quelle était son importance ? (b).*

Nous avons voulu nous éclairer sur ces points inté-

du Christ dans sa gloire de résurrection et d'une sainte Face, cette dernière figure gravée sur une trapette qui cache une seconde custode cruciforme destinée à renfermer une relique.

Ouvert, le reliquaire présente une chapelette de 8 mm. de profondeur, abritant sous une arcade engrelée et repercée, le buste du Christ descendu de la croix, couronné d'épines et soutenu sur un linge sanguinolent par un ange aux ailes largement étendues, émail peint appliqué sur or ; sur les volets, la Vierge et Saint-Jean dans l'attitude de la douleur, surmontés d'anges portant les instruments de la Passion, émail translucide or, 126 multiplié par 69 mm. Restes de la boursette en drap d'or. Custode contemporaine du reliquaire, cuir gaufré et ciselé de jolis rinceaux et feuillages entourant le monogramme du Christ.

(a) *Porte d'argent à une barre de sinople chargée d'une merlette d'or.*

(b) Ce trésor devait être considérable ; il se composait de l'accumulation des richesses amassées par un labeur incessant et des donations faites à ce monastère pendant huit cents ans. On peut encore se faire une idée de l'importance extraordinaire qu'il devait avoir, en comparant les ressources ordinaires de l'abbaye reprises en l'*Etat par forme de compte présenté au District le 28 juillet 1791*, alors qu'elles ne représentaient que les revenus qu'il n'avait pas été possible de dissimuler : *Les recettes de l'abbaye, du 18 mars 1790 à ce jour, étaient de 59.825 livres et les dépenses de 16415 livres.*

ressants et, après une laborieuse enquête, nous avons été assez heureux de voir nos efforts couronnés de succès.

D'abord mettant à profit nos souvenirs très précis, nous nous sommes rappelé avoir remarqué en 1865 ou 1866, dans la collection de notre savant et excellent ami M. Dancoisne, d'Hénin-Liétard, un étui en argent portant les armoiries adoptées par M. Dauchy, dernier abbé de Chocques *(a)*. Ce cachet n'avait pas tardé à passer par suite d'échange en la possession de M. Preux, de Douai ; il avait été acheté par M. Dancoisne au prix de vingt-cinq francs à M. Delesalle, relieur à Béthune, qui trafiquait des objets antiques trouvés dans le pays. Quelques jours après notre entretien avec M. Dancoisne, M. Delesalle avec lequel nous étions en relation d'affaire, dans une visite que nous lui fîmes à ce sujet, n'avait fait aucune difficulté de nous déclarer avoir acheté cet étui d'un jeune homme habitant Béthune ; ce dernier lui avait demandé de plus son appréciation sur d'autres objets de valeur qu'il possédait aussi et qu'il avait également découvert en démolissant une cloison masquant une cachette sous l'escalier de la cave de la maison occupée par sa famille.

Le bruit de cette trouvaille n'avait pas tardé à s'ébruiter et les amateurs s'étaient rendus auprès de M. Delesalle pour l'engager à rechercher s'il n'existait pas d'autres objets ayant la même origine que le cachet. Bref, le premier possesseur de ce précieux souvenir de l'abbaye de Chocques, questionné, après

(a) De sinople à la flèche d'argent à deux hirondelles posées en fasce, avec la devise : *sic transit*. Tous ces motifs indiquent la constante préoccupation de l'abbé Dauchy concernant le sort réservé à son abbaye et combien la gloire est éphémère. M. Patrice Dauchy était né à Saint-Venant le 22 juillet 1736 ; profès le 14 novembre 1759, il avait été nommé, en 1768, abbé régulier perpétuel de l'abbaye de Chocques en remplacement de l'abbé Chayatte.

avoir laissé entendre que la découverte était des plus importantes, avait semblé regretter certaines confidences et était « devenu muet » ; quelque temps après il fit un voyage en Belgique et la maison parut prospérer à vue d'œil.

Pendant vingt ans, la curiosité publique fut tenue en échec ; on avait fini par ne plus parler que vaguement de cette découverte. L'immeuble qui avait renfermé le trésor avait été vendu presque aussitôt et c'était en vain que le nouveau propriétaire, cherchant fortune à son tour, avait bouleversé le sol et sondé les murailles dans l'espoir d'être indemnisé de la plus value donnée à cette maison au moment de son acquisition et qu'il avait payée à cause de la présence présumée d'argent caché *(a)*. Enfin les intéressés eux-mêmes se décidèrent à lever un coin du voile, qui recouvrait cette mystérieuse affaire et l'un d'eux nous donna personnellement à ce sujet la version suivante :

« En faisant des restaurations de maçonnerie dans les ruines d'un ancien four au pain dans la cave de la maison occupée par la famille, quelque temps avant le décès de leur mère, ses frères et lui avaient *trouvé* sous l'escalier à l'abri d'un léger mur en briques :

1° Une longue caisse renfermant des ornements d'église, des calices, ciboires, reliquaires, etc., — plusieurs de ces objets en or enrichi de pierres précieuses — dont la vente faite en Belgique, au poids de l'or et de l'argent, en y ajoutant le prix d'un missel et de quelques manuscrits, avait produit près de cinquante mille francs.

« 2° Un petit coffre-fort en fer ouvragé contenant vingt et un mille francs ».

(a) Un billet fixé dans la caisse contenant le trésor, indiquait qu'elle était accompagnée d'une seconde ! Pour nous le mystère est dissipé : la seconde caisse était celle qui avait contenu les ornements sacerdotaux et qui se trouvait à Essars comme nous le verrous plus loin.

Ces renseignements étaient intéressants, mais il ne satisfaisaient pas encore notre curiosité éveillée ; il était certain que la valeur de ces précieux objets dont un certain nombre pouvait remonter à une haute antiquité, devait être beaucoup plus considérable et que le produit de leur vente aurait dû s'élever à plusieurs centaines de mille francs si elle eût été faite dans des conditions normales. Les acheteurs avaient dû profiter de la situation créée aux vendeurs par la nécessité où ils se croyaient d'agir à la hâte et avec la plus grande circonspection. Les intéressés nous ont-ils dit toute la vérité ? Nous devons faire toutes réserves à ce sujet. S'il ne nous était pas possible de faire la lumière sur ce point, il nous restait à découvrir comment ce trésor provenant selon toute probabilité, comme le cachet qui en faisait partie, de l'abbaye de Chocques, était venu échouer à Béthune, dans cette cave.

L'on remarquera certainement que jusqu'ici nous avons omis avec soin de citer la rue où se trouvait la maison *au Trésor*. Nous avons voulu éviter le reproche d'indiscrétion qui pourrait nous être adressé, bien que les confidences à nous faites personnellement n'aient été accompagnées d'aucune condition. Aujourd'hui que la famille des heureux investigateurs a, croyons-nous, disparu, et que la maison elle-même a changé de propriétaire, nous dirons, pour couper court à toute demande indiscrète à ce sujet, que cet immeuble était au faubourg Saint-Pry, non loin du *Gros moulin* de l'ex-abbaye de Chocques.

Dans une étude particulière, nous parlerons d'une découverte très intéressante elle aussi, assure-t-on, qui aurait été faite à cette même époque à Béthune, *rue du Carillon* (a) ancienne *Rue du Four entre deux*

(a) Si nous mentionnons cette seconde trouvaille, c'est afin que le public ne la confonde pas avec celle du *faubourg Saint-Pry* qui fait l'objet de cette étude, tant

pierres (a) également dans un vieux[1] four au pain, d'un trésor provenant, d'après l'opinion publique, de l'église Saint-Vaast ou de la collégiale Saint-Barthélémy. Cette hypothèse s'était accréditée parce que la maison dans laquelle avait été caché ce trésor appartenait, avant la révolution, à l'église Saint-Vaast; mais il faut bien admettre que le premier soin de MM. Delétoile et Rifflart, anciens curés de ces deux paroisses, aurait été, aussitôt leur rentrée à Béthune, après l'émigration, de reprendre possession des objets cachés par eux.

Pour en revenir à la découverte du faubourg Saint-Pry, différents indices que nous avions recueillis dans nos précédentes recherches historiques nous démontraient que c'était à Essars que nous devions pousser nos investigations pour en connaître l'origine et que la clef de l'énigme que nous voulions déchiffrer devait se trouver dans cette commune où était décédé M. Deliège, le dernier survivant des dignitaires de l'ancienne abbaye de Chocques, laissant à l'église du village dont il était devenu le pasteur, des ornements sacerdotaux de grande valeur, provenant de l'antique

il y a de similitude entre elles dans les détails. Nous insistons sur cette déclaration, tenant essentiellement à ménager la susceptibilité de nos amis de la rue du Carillon qui, eux, existent encore.

(a) Au XVe siècle, la *rue du Carillon* portait le nom de *rue du Four entre deux pierres* à cause du four public à cuire le pain qui existait alors et qui fut supprimé par suite de l'établissement du cimetière de l'église Saint-Vaast, en 1547. La proximité du marché-aux-poulets et l'installation du carillon au beffroi, la firent appeler successivement *rue des Poulets* et *rue du Carillon*. En face du four au pain existait, en 1400, une auberge très fréquentée « *Les trois Rois* » attenant au *Rouge Chevalier* ; ces deux auberges et une troisième qui prit plus tard pour enseigne « *Au Carillon* », formaient façade sur toute la longueur de la rue du côté de la Gouvernance (n°s 9, 11, 7 et 3-5 actuels). L'autre rangée de maisons comprenait les immeubles n°s 2, 8 et 10 ; ensuite venait le cimetière dont l'emplacement et la maison du fossoyeur adossée à la muraille de la tour, furent loués au sieur Rifflart en 1700, pour l'établissement d'une poterie. Ce dernier ayant transporté, en 1740, son industrie près de la Porte-Neuve, le conseil de fabrique de l'église convertit les séchoirs et magasins en quatre maisons d'habitation. L'église St-Vaast possédait donc en 1789, les immeubles repris sous les n°s 10, 12, 14, 16 et 18-20.

monastère. En effet, après une visite à M. Plique, l'érudit curé, et au greffier de l'état-civil, nous apprîmes, en questionnant les anciens du pays sur les derniers moments du vieux curé d'Essars et sur les personnes qui l'avaient entouré durant sa maladie, que les qualités physiques et intellectuelles de M. Deliège avaient singulièrement périclité pendant les dernières années de sa vie, surtout durant celle qui avait précédé son décès ; enfin qu'il avait été soigné par la personne chargée à cette époque, concurremment avec le bedeau, de la propreté de l'intérieur de l'église. Ces renseignements nous ont été confirmés par M. Plique lui-même *(a)*. Or la propriétaire de la maison où se trouvait le trésor de Saint-Pry à Béthune étant une très proche parente de l'homme de confiance de l'ex-receveur de l'abbaye de Chocques, il nous a semblé qu'il n'était pas nécessaire de pousser plus loin notre enquête et nous avons cru pouvoir établir ainsi la suite des faits.

M. Patrice Dauchy, dernier abbé régulier de l'abbaye de Chocques, au retour de son émigration après la tourmente révolutionnaire, avait pris sa résidence

(a) Une note paraissant provenir du successeur de M. Deliège à la cure d'Essars, transcrite sur un registre des archives de l'église, relate que le triste spectacle de la retraite en désordre qui s'effectua par la route d'Armentières, par conséquent devant l'église d'Essars, des troupes composant la maison militaire du roi, escortant le comte d'Artois (24 mars 1815 et les jours suivants), « *frappa au cœur le vieux curé et qu'à partir de ce moment sa santé déjà ébranlée ne fit plus que péricliter* ». A la fin de décembre, M. Deliège est devenu complètement infirme et cesse de rédiger les actes de baptême, de mariage et de décès. Il est à remarquer que les autorités ecclésiastiques ne sont pas prévenues de ce fâcheux état de chose. Le 17 janvier 1816, c'est M. Droque, curé d'une commune voisine qui vient à Essars procéder à un baptême ; le 30, M. Riffiart, prêtre libre à Béthune, célèbre à son tour un mariage et il n'est pas à supposer qu'il est délégué par le Doyen de Béthune avec lequel il ne s'entend pas. Enfin, le 3 février, nous voyons apparaître M. Delétoile, curé-doyen de Béthune, mais pour les funérailles de M. Deliège, décédé le premier de ce mois.

à Béthune, rue des Petits-Becqueraux ; il y mourut le 3 octobre 1807 (a) et ce fut M. Guislain-Maurice Deliège (b), âgé de 52 ans, prêtre demeurant à Lestrem, ancien moine et receveur de l'abbaye de Chocques, qui fit et signa sur les registres de l'état-civil, la déclaration du décès. Quelques années après, M. Deliège était promu à la cure d'Essars dont il conserva la jouissance jusqu'au premier février 1816, date de sa mort, bien que sur ses derniers moments et pendant l'espace d'une année au moins, il ait été presque complètement infirme, comme nous l'avons dit précédemment. M. Droque, curé de Gonnehem, ancien religieux de Chocques, signe l'acte de décès rédigé à l'église d'Essars (c). C'est à la suite de ce dernier évènement qu'il est question pour la première fois publiquement du trésor de l'ancienne abbaye de Chocques, confié à la discrétion et à la loyauté de son ex-receveur. Le 24 du même mois, M. Droque offre au grand séminaire d'Arras, sous certaines conditions, une magnifique chasuble et ses accessoires en drap d'or (d) provenant certainement du curé d'Essars.

M. Deliège avait-il été institué originairement par le chapître dépositaire de ces richesses qui devaient être considérables mais dont on ne retrouve qu'une partie à son décès ? Ce point importe peu. Quoiqu'il en soit, M. Deliège paraît avoir été tenu à la plus

(a) L'acte de décès porte : Monsieur *Nicolas Alexis Dauchy*, âgé de 71 ans, natif de Saint-Venant, ci-devant abbé de l'abbaye de Chocques.

(b) Il est repris dans l'état du personnel de l'abbaye de Chocques du 26 juin 1788 et sur celui du 1er janvier 1791, sous le prénom de Jean-Baptiste, né le 24 mai 1754 à Hénin-sur-Cojeul, profès du 15 juin 1776.

(c) M. Joseph Gallet, ancien chanoine régulier de Chocques, curé d'Estrée-Cauchy, assiste aussi aux funérailles du curé Deliège.

(d) Suivant décision de Monseigneur de la Tour d'Auvergne, évêque d'Arras, douze messes de *requiem* sont chantées chaque année et à perpétuité pour les anciens religieux de Chocques, au grand séminaire, en reconnaissance de cette donation et probablement d'autres gratifications importantes faites précédemment.

grande discrétion concernant la possession de ce trésor dans le but de le conserver le plus longtemps possible, espérant toujours voir l'antique abbaye renaître de ses ruines et reprendre son ancien lustre (*a*). Sans cela il est certain que ces objets précieux auraient été remis entre les mains de l'évêque d'Arras qui du reste ne ménageait pas, au curé d'Essars, ses visites intéressées souvent couronnées de succès partiels cependant peu en rapport avec l'importance du dépôt et des efforts qu'il fallait déployer pour vaincre la résistance du vieux curé. Ainsi que nous l'avons dit plus haut, ce ne fut qu'après la mort de ce dernier que Monseigneur de La Tour d'Auvergne put obtenir les riches ornements en drap d'or qu'il convoitait depuis si longtemps.

L'église d'Essars possède encore actuellement, provenant de l'abbaye de Chocques, c'est-à-dire de la succession de M. Deliège son receveur :

1° Une *très belle chape* en velours rouge ; chaperon et orfrois à grosses broderies d'or et soie (Louis XIII) ;

2° Une *splendide chape* en velours noir ; chaperon carré, ourlé d'une riche broderie d'argent et contenant au centre un très beau cartouche représentant une *Mater dolorosa* brodée de même ainsi que les orfrois (Louis XIV) ;

3° Un *ornement complet de la messe*. — Cinq pièces en damas de soie violet, galon brodé au pourtour et à l'encadrement de la bande et de la croix, celle-ci contenant au centre un médaillon du Christ

(*a*) Comme les hirondelles, au retour de leur migration, reviennent à leur ancien logis, les moines de l'abbaye de Chocques, ainsi que nous l'avons fait remarquer dans notre *notice sur la Révolution*, revinrent tous dès 1796, vers les ruines de leur monastère et les habitants de Gonnehem s'empressèrent de leur offrir l'hospitalité. Ne pourrait-on pas supposer que ces religieux étaient attirés par l'espoir de voir se réaliser certaines promesses échangées au moment de la dispersion ? Nous nous demandons aussi si le dépôt des riches et précieux ornements n'a pas été fait à l'église d'Essars sous réserve de restitution en cas de rétablissement de l'ancienne abbaye.

brodé or et soie (Louis XIV) ;

4° Un *ornement de la messe* en velours rouge (cinq pièces) croix et bande splendidement brodées d'or à très fort relief (Louis XIII) ;

5° Un *ornement complet de la messe* (cinq pièces), damas de soie cramoisi, bande et croix en velours brodé de rinceaux d'or, cette dernière portant un médaillon de St-Joseph, brodé soie et or (Louis XIV) ;

6° *Boîte aux saintes huiles* en deux parties, la supérieure pouvant servir de ciboire portatif, base à guirlandes fleuries, coupe à couvercle godronné, argent repoussé (Louis XVI) *(a)*.

7° Un *fragment de devant d'autel* supérieurement brodé avec un magnifique médaillon représentant la *décollation de Saint-Jean-Baptiste*.

A cette liste il conviendrait d'ajouter une autre *chasuble et ses accessoires*, reliques de l'abbaye de Chocques, qui ont été données il y a quelques années par M. Plique, curé d'Essars, en compensation de la restauration des autres objets de même provenance, à l'église St-Vaast de Béthune où ils sont conservés précieusement *(b)*.

(a) Ces objets précieux tant par leur valeur que par les souvenirs qu'ils rappellent ont figuré, par notre entremise, à la grande *Exposition rétrospective des Arts et Monuments du Pas-de-Calais* organisée à Arras en 1896 *par la Commission départementale des Monuments Historiques*.

(b) M. l'abbé Robert *(Ouv. préc.* p. 170) dit que l'église de Béthune possède encore de beaux calices de l'or le plus fin, et des vases sacrés de même provenance ! C'est une erreur de la part de cet auteur ; ces objets ont certainement existé, non pas dans notre église paroissiale, mais à côté, entre les mains d'un particulier et ont été vendus avec le reste du Trésor. Les admirables boiseries en chêne, sculptées style Louis XV, de cette abbaye, ont été vendues et dispersées bien fâcheusement. A la suite d'une heureuse acquisition faite en 1820, elles avaient servi avec celle que l'on possédait déjà provenant des Chartreux de Gosnay à lambrisser notre église St-Vaast dans tout son pourtour jusqu'à l'entablement des fenêtres et avaient fait de cet édifice, déjà si remarquable par la conception hardie et légère de son architecture, un véritable joyau artistique. Aussi ce fut avec stupéfaction que l'on a vu mettre à exécution, en 1860, la regrettable décision du Conseil de fabrique de faire démonter et vendre ces chefs-d'œuvre de sculpture qu'il serait difficile de remplacer, pour laisser voir un mur blanchi à la chaux et taché d'humidité.

Dans la collection de M. le comte de Baynast, il existe *une magnifique bourse* brodée en or à fort relief sur velours de Lyon rouge, avec large bande de même, genre étole, destinée à renfermer une boîte aux saintes huiles et les hosties pour les extrêmes onctions à domicile. Un cartouche brodé, style de l'époque, reproduit les armoiries de l'abbé Guillaume IV de la Bœuvrières, portant, dans le centre de l'écu, un lion debout avec trois abeilles en chef, plus bas la devise du prélat : *De forti dulcedo,* et le millésime 1669 date de sa mort. Une boîte en argent de la même époque devait accompagner cette bourse qui provient du dépôt de M. Deliège, elle aura subi le même sort que le reste du trésor. Nous remarquerons que celle qui a été conservée est du style Louis XVI.

Mentionnons encore, pour terminer, que nous savions de longue date qu'une somme de *quatre-vingt-dix mille francs* avait été déposée chez le prédécesseur de M. Hulleu, notaire à Béthune, par l'abbé Dauchy avant son départ en pays étranger et qu'elle avait été réclamée par ce dernier à sa rentrée en France. Qu'est devenu cet argent ? L'évêque d'Arras en a eu certainement une partie. Ce qui paraît plus que probable, c'est que la valeur en numéraire du dépôt du curé d'Essars devait être considérable et qu'une très forte somme a été soustraite pendant la maladie de M. Deliège ; certaines données nous permettent de l'estimer à deux cent mille francs environ, non compris l'estimation des objets précieux. En effet, de l'avis de personnes compétentes, bien que cet argent soit demeuré caché et improductif par excès de prudence pendant peut-être cinquante ans, on peut admettre que, grâce à la grande économie des détenteurs que nous croyons connaître mais que nous ne citons pas, il a doublé en capital depuis ce temps. Ce qui le prouve c'est que la fortune réunie de la famille en question est estimée actuellement à six cent mille francs au moins.

Remarquons que dans la soustraction, on a négligé les ornements sacerdotaux dont on ne connaissait pas la valeur, leur préférant les objets précieux en argent ou en or, ainsi que l'argent monnayé dont on avoue avoir trouvé seulement vingt et un mille francs (a). Ainsi comme nous venons de le dire, au décès de M. Deliège, tout ce qui pouvait avoir une valeur intrinsèque, or ou argent, avait disparu de même que le numéraire qui était conservé par le vieux curé, sans être placé, pour plus de facilité dans la transmission. Seule la boîte aux saintes huiles, en argent, style Louis XVI, pour l'extrême onction à domicile avait trouvé grâce sans doute parce que, contenant des hosties consacrées, elle était renfermée dans l'église où elle était en service et par conséquent connue. Il n'en a pas été de même pour celle de l'abbé de La Beuvrière, 1669, dont on a dédaigné bien à tort la riche custode.

Ce détournement fut d'autant plus facile à commettre et à cacher que le pays se trouvait en état de révolte déclarée et armée contre le Gouvernement

(a) Une question se pose naturellement : pour quel motif cette somme de 21.000 francs qui nous a été indiquée, a-t-elle été conservée pendant cinquante ans sans avoir été utilisée à une acquisition quelconque ? Les intéressés ne se sont confiés qu'à demi à leurs amis et nous avons basé nos raisonnements sur les termes mêmes de ces déclarations sans y rien modifier. Quelque soit l'importance de cette somme, il est probable qu'elle devait en majeure partie, se composer d'anciennes pièces d'or et d'argent n'ayant plus cours et qu'elles furent conservées au même titre que les objets en or faisant partie du dépôt dont on n'osait se défaire par excès de prudence. Nous le répétons, il est difficile de fixer la somme considérable que devait posséder M. Deliège car, en dehors des 90.000 francs déposés chez le prédécesseur de M. Hulleu, notaire, par M. Dauchy, au moment de son émigration, ce dernier a dû mettre en lieu sûr la *réserve importante* en numéraire que devait posséder le monastère, comme cela se pratiquait généralement en ce temps, même dans les maisons bourgeoises. Il est donc certain que nos appréciations sont bien en dessous de la vérité que nous connaîtrons probablement un jour.

surtout pendant les années 1813, 1814 et 1815 (*a*), de sorte que l'on devait s'occuper bien peu de la maladie et de la mort du vieux curé d'Essars. A ce moment, son factotum seul aurait pu établir l'inventaire des objets composant le *Trésor* de l'ancienne abbaye de Chocques, dont l'évêque et l'abbé Droque pouvaient peut-être avoir une idée approximative, mais il avait des motifs pour ne pas le faire ; aussi en présence d'un scandale certain et des revendications possibles de l'Etat, la prescription n'étant pas encore acquise, chacun chercha simplement à tirer son épingle du jeu (*b*). M. Droque ne paraît pas avoir essayé de revendiquer, au nom de son ancien monastère, la garde de ce qui restait du Trésor ; l'évêque d'Arras fut satisfait du cadeau de la riche chasuble et de ses accessoires qu'il désirait ; le conseil de fabrique de l'église d'Essars avais sans doute pris les précautions nécessaires pour conserver à la commune les ornements précieux dédaignés par le factotum, un paysan cependant bien malin. Quant à ce dernier, nous nous représentons les ennuis que durent lui causer les fréquentes visites des personnes intéressées ci-dessus

(*a*) En 1814, le baron de Geismar, lieutenant-colonel aux Gardes de l'Empereur de Russie, à la tête d'un corps de cavalerie légère fort de 600 chevaux, vint donner de la consistance à l'insurrection ; il parcourt le pays pendant six semaines, se présente devant St-Omer et séjourne à St-Pol. En juillet 1815, les habitants du pays d'Alleu ou *Bas-Pays*, de concert avec ceux du *Haut-Pays*, cernent de toute part la ville de Béthune et en font le siège. (Voir notre publication : *Béthune en 1813, 1814 et 1815*).

(*b*) Après le décès de M. Deliège, tout se fait avec la plus grande négligence et sans surveillance. Le vieux curé habitait une maison, restes d'une ancienne et grande ferme ou d'un château, presqu'en face de l'église ; cette demeure fut occupée ensuite par le sieur Habourdin. Ce dernier possédait plusieurs objets qu'il avait achetés à la vente mobilière faite à la suite du décès de M. Deliège ou qu'il avait trouvés abandonnés comme non valeur dans sa maison, parmi lesquels il y avait un très beau Christ en buis dont nous ignorons le possesseur actuel ; peut-être ce Christ est-il celui qui précède le convoi mortuaire des pauvres de la paroisse de Béthune. A la mort d'Habourdin, M. Le Ricque de Rocourt du Beau-Marais à Beuvry, a acheté aussi des panneaux en chêne sur lesquels étaient d'excellentes peintures, débris d'un *triptyque* dont on s'était servi pour la confection ou la réparation d'un lit.

dénommées, le nouveau curé et les autorités du village, ainsi que ses protestations d'honnêteté et de dévouement à l'église. Aussi, menacé des foudres du ciel et de la justice d'ici-bas, se sentant suspecté et surveillé, il se tint sur la plus grande réserve et, jusqu'à sa mort survenue presque en même temps que celle de sa femme, on n'eut rien à constater à sa charge concernant les objets sacrés qu'il pouvait avoir en sa possession. Ce ne fut que trente ans environ après ce dernier évènement, cinquante ans après le décès de l'ancien receveur de l'abbaye de Chocques, que les héritiers de son factotum déclarent avoir trouvé dans une sorte d'armoire sous l'escalier de la cave de la maison qu'ils habitent à Béthune, le *trésor* qui a tant préoccupé les savants de la région. Ainsi donc pendant cinquante ans, cette famille a vécu dans un état de pauvreté relative, à côté de richesses inestimables dont elle n'osait pas faire usage ; et cette habitude d'économie exagérée la suivra jusqu'à la mort.

Comme nous l'avons dit dans le courant de ces notes, la trouvaille du trésor de l'abbaye de Chocques n'était pas un fait nouveau pour un certain nombre d'habitants de notre ville ; seuls les détails et la provenance de ces richesses n'étaient pas connus. Nous avons voulu élucider ce point d'histoire de notre pays en nous servant de témoignages et de documents sérieux et indiscutables. Des considérations particulières nous ont engagé à une réserve discrète ; *nous*

avons évité de citer les noms et même exactement le lieu de la demeure des intéressés, de donner notre appréciation sur cette bizarre et curieuse aventure, enfin d'en tirer une conclusion quelconque. Nous avons laissé ce soin aux lecteurs s'ils jugent à propos de s'en donner la peine, chacun au point de vue où il voudra se placer, ayant donné pour le faire toutes les facilités désirables.

Béthune. — Imp. A. David.

www.ingramcontent.com/pod-product-compliance
Lightning Source LLC
LaVergne TN
LVHW010017230826
846092LV00002B/871

9782019940966